¿A QUÉ SE DEDICAN?

¿CÓMO ES EL DÍA DE LOS PROFESORES?

Emily Mahoney

Gareth Stevens
PUBLISHING

TRADUCIDO POR
NATZI VILCHIS

Please visit our website, www.garethstevens.com. For a free color catalog of all our high-quality books, call toll free 1-800-542-2595 or fax 1-877-542-2596.

Library of Congress Cataloging-in-Publication Data

Names: Mahoney, Emily Jankowski, author.
Title: ¿Cómo es el día de los profesores? / Emily Mahoney.
Description: New York, NY : Gareth Stevens Publishing, 2021. | Series: ¿A qué se dedican? | Includes index. | Contents: A busy job – Planning lessons – During the day – Different days – Conferences – Worth the effort – Glossary.
Identifiers: LCCN 2019060243 | ISBN 9781538261095 (library binding) | ISBN 9781538261071 (paperback) | ISBN 9781538261088 (6 Pack) | ISBN 9781538261101 (ebook)
Subjects: LCSH: Teachers–Juvenile literature. | Teaching–Juvenile literature.
Classification: LCC LB1775 .M4226 2021 | DDC 371.102–dc23
LC record available at https://lccn.loc.gov/2019060243

Published in 2021 by
Gareth Stevens Publishing
111 East 14th Street, Suite 349
New York, NY 10003

Copyright © 2021 Gareth Stevens Publishing

Translator: Natzi Vilchis
Editor, Spanish: Rossana Zúñiga
Designer: Laura Bowen

Photo credits: Series art Dima Polies/Shutterstock.com; cover, p. 1 Monkey Business Images/Shutterstock.com; pp. 5, 17 Monkey Business Images/iStock/Getty Images Plus/Getty Images; p. 7 Westend61/Getty Images; p. 9 Jianbi Chen/iStock/Getty Images Plus/Getty Images; p. 11 Inti St Clair/DigitalVision/Getty Images; p. 13 FatCamera/E+/Getty Images; p. 15 Hill Street Studios/DigitalVision/Getty Images; p. 19 Alistair Berg/DigitalVision/Getty Images; p. 21 Digital Vision/Getty Images Plus/Getty Images.

All rights reserved. No part of this book may be reproduced in any form without permission in writing from the publisher, except by a reviewer.

Printed in the United States of America

Some of the images in this book illustrate individuals who are models. The depictions do not imply actual situations or events.

CPSIA compliance information: Batch #CS20GS: For further information contact Gareth Stevens, New York, New York, at 1-800-542-2595.

CONTENIDO

Un trabajo muy activo 4

Planificar las lecciones 6

Durante el día 10

Días diferentes. 16

Reuniones de trabajo 18

Vale la pena el esfuerzo 20

Glosario. 22

Para más información 23

Índice. 24

Las palabras del glosario se muestran en **negrita**
la primera vez que aparecen en el texto.

Un trabajo muy activo

Ser profesor es un trabajo arduo, pero también es muy **gratificante**. Tal vez crees saber lo que un profesor hace durante el día porque lo observas cuando estás en la escuela. Sin embargo, los profesores hacen muchas cosas después de la escuela o mientras tú no los ves ¡y eso también es importante!

Días diferentes

Algunas veces la **rutina** de un profesor cambia cuando se presentan actividades diferentes o divertidas en la escuela. Por ejemplo, se puede celebrar una asamblea o un profesor tiene una reunión con un padre. En días muy divertidos, el profesor puede ¡llevar a su clase a una excursión!

Reuniones de trabajo

En ocasiones los profesores van a **reuniones** para aprender sobre ideas y actividades diferentes para realizar en el salón de clases. Cuando esto sucede, suelen dejar un plan para el profesor sustituto quien imparte la clase el día que el profesor se ausenta.

Durante el día

La mejor parte del trabajo de un profesor es cuando enseña a sus estudiantes y trabaja con ellos. Esto puede requerir que el profesor explique un **tema** nuevo. También puede ayudar a los estudiantes que trabajan en grupo. A veces, los profesores **supervisan** a los estudiantes que toman una evaluación o un examen.

Cuando un profesor trabaja con sus estudiantes, aprovecha para **evaluarlos**. Quiere saber si sus alumnos comprenden lo que les ha enseñado. También se asegura de que no haya problemas de **comportamiento** y de que todos se esfuercen en clase.

Cuando un profesor no está en la clase con sus estudiantes, es posible que esté realizando otras actividades. A veces, debe reunirse con otro profesor o grupo de profesores para planear las lecciones. Otras veces, califica los proyectos de los estudiantes o incluso, trabaja en la creación de actividades para el día siguiente.

Días diferentes

Algunas veces la **rutina** de un profesor cambia cuando se presentan actividades diferentes o divertidas en la escuela. Por ejemplo, se puede celebrar una asamblea o un profesor tiene una reunión con un padre. En días muy divertidos, el profesor puede ¡llevar a su clase a una excursión!

Reuniones de trabajo

En ocasiones los profesores van a **reuniones** para aprender sobre ideas y actividades diferentes para realizar en el salón de clases. Cuando esto sucede, suelen dejar un plan para el profesor sustituto quien imparte la clase el día que el profesor se ausenta.

Vale la pena el esfuerzo

Si piensas que enseñar parece mucho trabajo, ¡tienes razón! Enseñar puede ser un trabajo difícil con muchos imprevistos, pero también es emocionante. Ayudar a los jóvenes estudiantes a aprender vale la pena el esfuerzo y la energía que los profesores ponen en su trabajo.

GLOSARIO

comportamiento: forma en que una persona actúa.

considerar: pensar en algo cuidadosamente para tomar una decisión.

evaluar: hacer un juicio sobre algo.

gratificante: tener la sensación de que has hecho algo importante o útil.

reunión: cuando varias personas se juntan para hablar, aprender y tomar decisiones.

rutina: la forma regular de hacer algo.

supervisar: observar atentamente.

tema: algo sobre lo que la gente aprende.

PARA MÁS INFORMACIÓN

LIBROS

Polacco, Patricia. *The Art of Miss Chew.* New York, NY: GP Putnam's Sons, 2012.

Steinke, Aron Nels. *Mr. Wolf's Class.* New York, NY: Scholastic, 2018.

SITIOS DE INTERNET

Bookworm for Kids

www.bookworm4kids.com/

Este sitio de Internet ofrece excelentes listas de libros para todas las edades. ¡A los profesores les encanta cuando sus estudiantes son grandes lectores!

Time for Kids

www.timeforkids.com/

Time for Kids proporciona artículos interesantes para lectores curiosos, y muchos maestros lo usan en sus clases.

Nota del editor a los educadores y padres: nuestro personal especializado ha revisado cuidadosamente estos sitios de Internet para asegurarse de que son apropiados para los estudiantes. Sin embargo, muchos de ellos cambian con frecuencia, por lo que no podemos garantizar que contenidos que se suban a esas páginas posteriormente cumplan con nuestros estándares de calidad y valor educativo. Les recomendamos que hagan un seguimiento a los estudiantes cuando accedan a Internet.

ÍNDICE

actividades, 6, 14, 16, 18

asamblea, 16

califica, 14

comportamiento, 12, 22

estudiantes, 6, 8, 10, 12, 14, 20

evaluar, 12, 22

examen, 10

excursión, 16

grupo, 10, 14

lecciones, 6, 8, 14

materiales, 8

profesores sustitutos, 18

reunión, 16, 18, 22

reunión con padres, 16

reunión con profesores, 14

rutina, 16, 22